AF201178

Impressum
Verlag: BABADADA GmbH, Nedderfeld 112 , 22529 Hamburg
Geschäftsführer / Verlagsleitung: Harald Hof
Druck: Books on Demand GmbH, In de Tarpen 42, 22848 Norderstedt

Imprint
Publisher: BABADADA GmbH, Nedderfeld 112 , 22529 Hamburg, Germany
Managing Director / Publishing direction: Harald Hof
Print: Books on Demand GmbH, In de Tarpen 42, 22848 Norderstedt

membagi
除

186/2

papan
黑板

ruang kelas
教室

halaman sekolah
校園

guru
老師

kertas
紙

pena
筆

meja kerja
辦公桌

penggaris
直尺

buku
書

menulis
書寫

murit
學生

tas sekolah

書包

tempat pensil

鉛筆盒

pensil

鉛筆

pengasah pensil

削鉛筆機

penghapus

橡皮擦

kertas gambar

畫板

gambar

圖畫

kuas

畫筆

kotak cat

顏料盒

gunting

剪刀

lem

膠水

buku latihan

練習冊

pekerjaan rumah

家庭作業

angka

數字

tambhakan

加

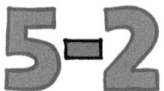

mengurangi

減

mengalikan

乘

menghitung

計算

huruf

字母

alfabet

字母表

kata

字

teks
課文

membaca
讀

kapur
粉筆

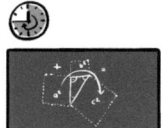

pelajaran
上課

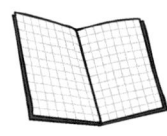

daftar
登記

ujian
考試

sertifikat
證書

seragam sekolah
校服

pendidikan
教育

ensiklopedi
百科全書

universitas
大學

mikroskop
顯微鏡

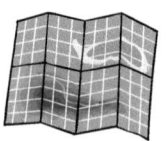

peta
地圖

tempat sampah
廢紙簍

perjalanan
旅行

hotel
飯店
Grand
hostel
青年旅社
ROOMS
kantor pertukaran mata uang
外幣兌換處
koper
手提箱
mobil
汽車

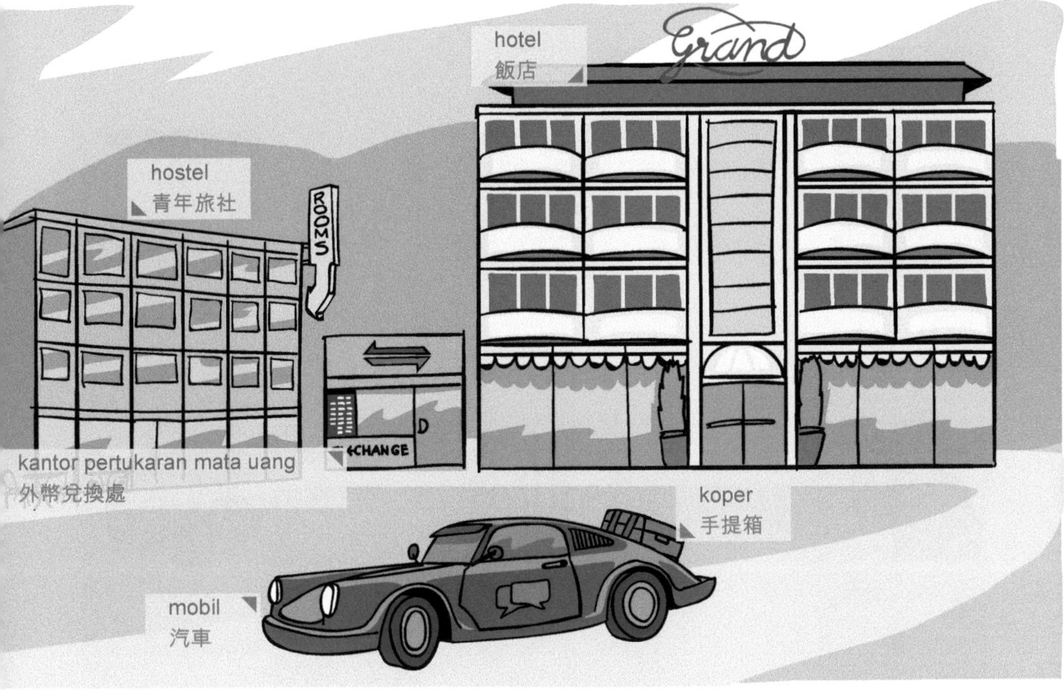

bahasa
語言

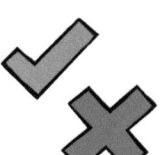

ya / tidak
是/否

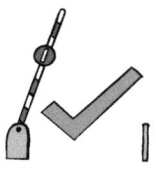

okay
好的

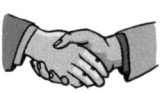

hallo
您好

penerjemah
翻譯人員

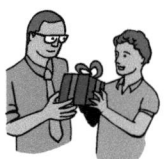

terima kasih
謝謝

Berapa harganya...?

……多少錢？

saya tidak mengerti

我不明白

masalah

問題

Selamat malam!

晚上好！

Selamat siang!

早上好！

Selamat tidur!

晚安！

sampai jumpa

再見

arah

方向

bagasi

行李

tas

包

ransel

背包

tamu

客人

ruang

房間

kantong tidur

睡袋

tenda

帳篷

informasi wisata

旅行資訊

pantai

海灘

kartu kredit

信用卡

sarapan

早餐

makan siang

午餐

makan malam

晚餐

tiket

票

elevator

電梯

perangko

郵票

perbatasan

邊界

cukai

海關

kedutaan

大使館

visa

簽證

paspor

護照

transportasi
交通運送

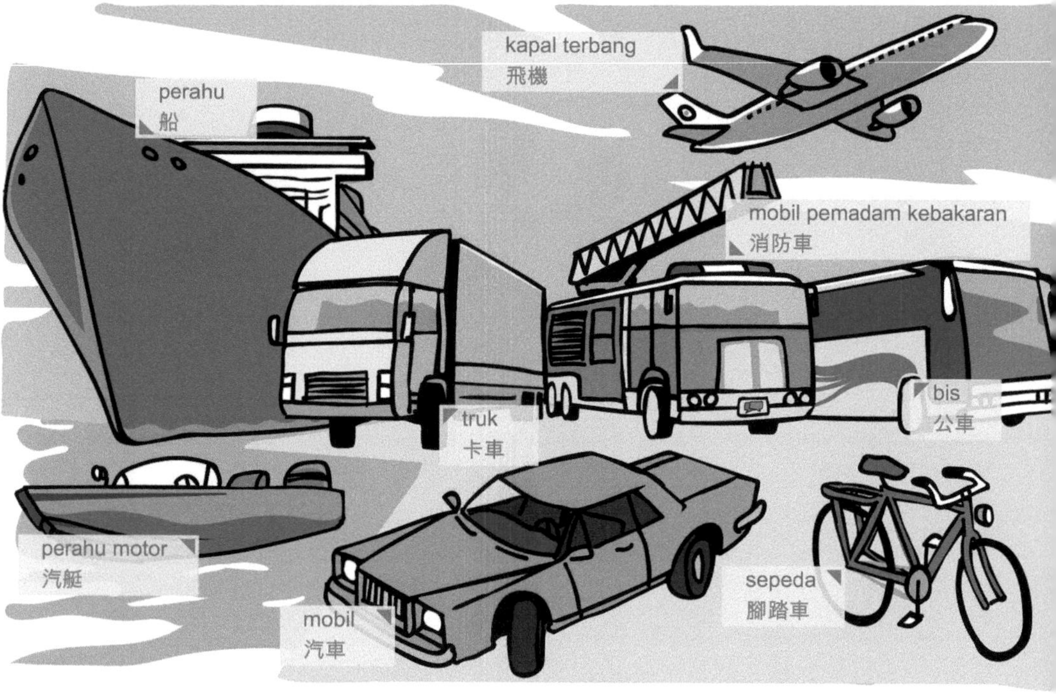
kapal terbang
飛機
perahu
船
mobil pemadam kebakaran
消防車
bis
公車
truk
卡車
perahu motor
汽艇
sepeda
腳踏車
mobil
汽車

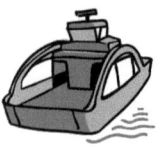

feri

渡輪

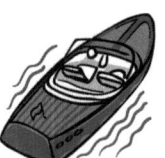

perahu

小船

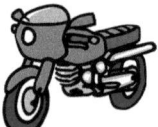

sepeda motor

機車

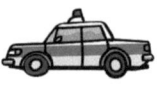

mobil polisi

警車

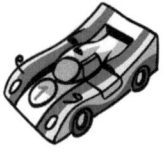

mobil balapan

賽車

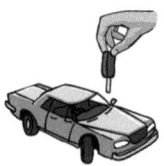

mobil sewa

租車

berbagi mobil

拼車

truk derek

拖車

truk sampah

垃圾車

motor

馬達

bahan bakar

汽油

bensin

加油站

tanda lalulintas

交通標識

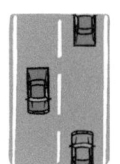

lalulintas

交通

macet

交通堵塞

parkir mobil

停車場

stasiun kereta

火車站

trek

軌道

kereta api

火車

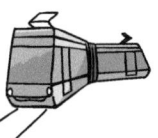

tram

路面電車

gerobak

客車廂

helikopter

直升機

bendara

機場

menara

塔

penumpang

乘客

container

集裝箱

karton

紙板箱

troli

手推車

keranjang

籃子

berangkat / mendarat

起飛/降落

kota
城市

desa

村莊

pusat kota

市中心

rumah

房子

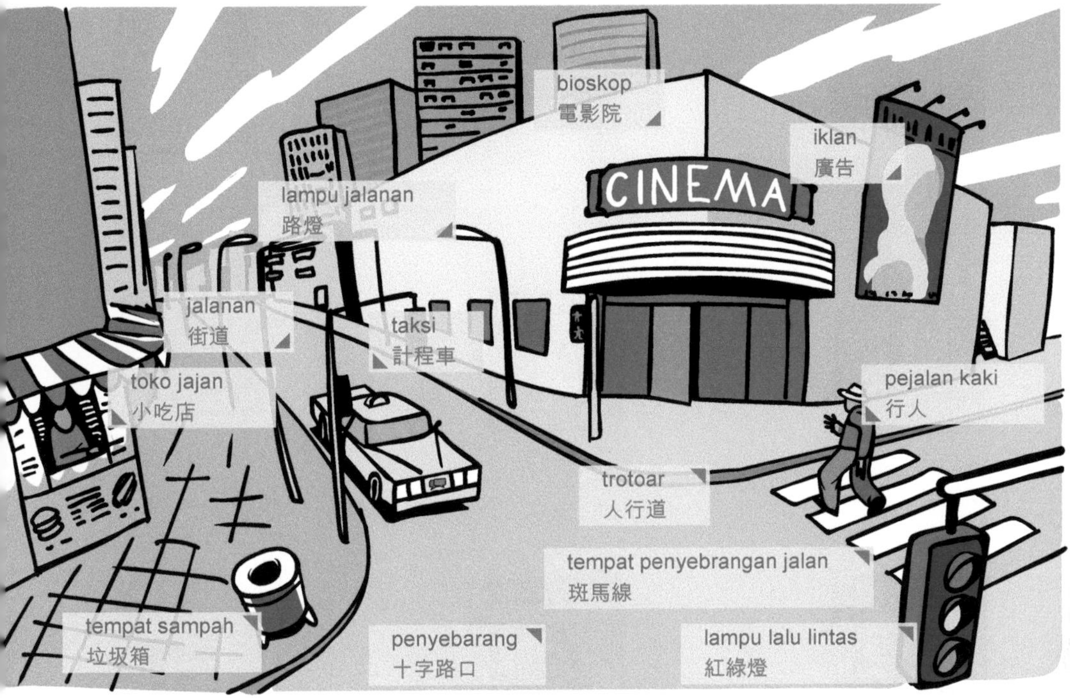

bioskop
電影院
iklan
廣告
CINEMA
lampu jalanan
路燈
jalanan
街道
taksi
計程車
toko jajan
小吃店
pejalan kaki
行人
trotoar
人行道
tempat penyebrangan jalan
斑馬線
tempat sampah
垃圾箱
penyebarang
十字路口
lampu lalu lintas
紅綠燈

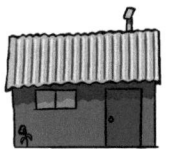

gubuk
小屋

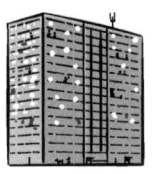

rumah flat
公寓

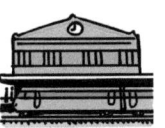

stasiun kereta
火車站

balai kota
市政廳

MUSEUM
museum
博物館

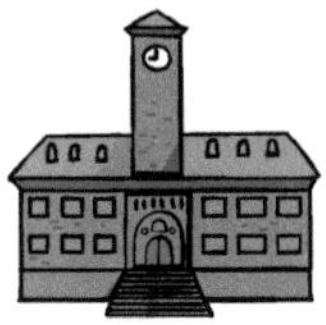

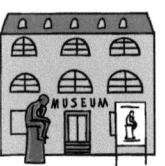

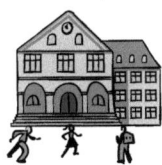

sekolah
學校

universitas

大學

bank

銀行

rumah sakit

醫院

hotel

飯店

farmasi

藥房

kantor

辦公室

toko buku

書店

toko

商店

toko bunga

花店

supermarket

超市

pasar

市場

toko serba ada

百貨商店

nelayan

魚店

pusat belanja

購物中心

pelabuhan

海港

taman
公園

banku
長凳

jembatan
橋

tangga
樓梯

kereta bawah tanah
捷運

terowongan
隧道

pemberhantian bis
公車站

bar
酒吧

restauran
餐館

kotak surat
郵筒

tanda jalan
路標

meteran parkir
停車計時器

kebun binatang
動物園

kolam renang
游泳池

mesjid
清真寺

pertanian

農場

polusi

污染

kuburan

墓地

gereja

教堂

tempat bermain

操場

pura

寺廟

pemandangan
地形

daun
樹葉

penunjuk arah
指示牌

jalanan
路

padang rumput
草地

batu
石頭

pejalak kaki
徒步旅行者

pohon
樹

sungai
河

rumput
草

bunga
花

lembah

峽谷

bukit

丘陵

danau

湖

hutan

森林

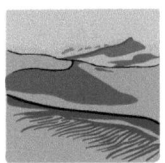

padang gurun

沙漠

gunung berapi

火山

istana

城堡

pelangi

彩虹

jamur

蘑菇

pohon palem

棕櫚樹

nyamuk

蚊子

lalat

蒼蠅

semut

螞蟻

lebah

蜜蜂

laba-laba

蜘蛛

kumbang

甲蟲

kodok

青蛙

tupai

松鼠

landak

刺蝟

kelinci

野兔

burung hantu

貓頭鷹

burung

鳥

angsa

天鵝

babi jantan

野豬

rusa

鹿

rusa

麋鹿

bendungan

水壩

turbin angin

風力發電機

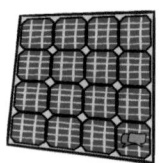

panel surya

太陽能電池板

iklim

氣候

restauran
餐館

pelayan
服務生
daftar makanan
菜譜
kursi
椅子
sup
湯
pizza
披薩餅
peralatan makan
餐具
taplak
桌布

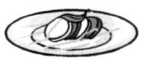

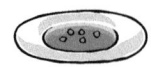

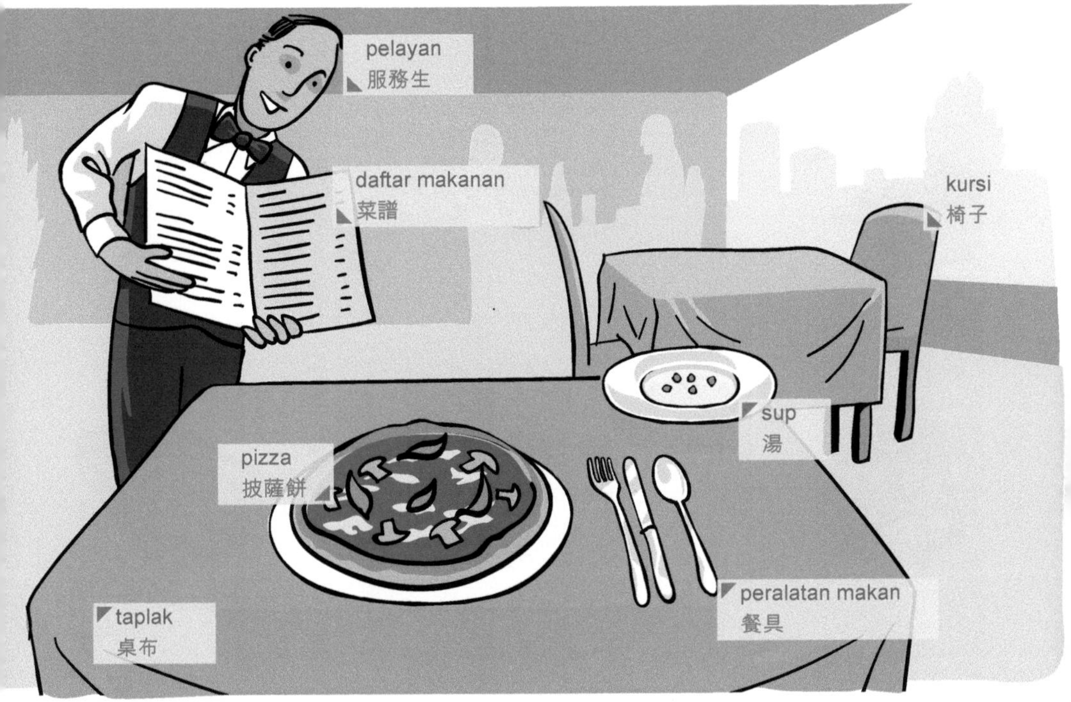

hindangan pembuka

前菜

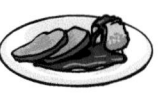

hidangan utama

主菜

hidangan penutup

甜點

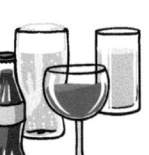

minuman

飲料

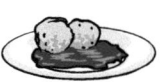

makanan

食物

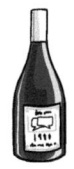

botol

瓶子

fastfood

速食

masakan jalanan

街邊小吃

teko teh

茶壺

kaleng gula

糖盒

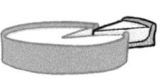

porsi

一份飯菜

mesin espresso

義式咖啡機

kursi tinggi

高腳椅

tagihan

帳單

baki

托盤

pisau

刀

garpu

餐叉

sendok

勺子

sendok teh

茶匙

serbet

餐巾

gelas

玻璃杯

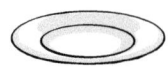

piring

碟子

piring sup

湯盤

lepek

碟子

saus

醬

tempat garam

鹽瓶

gilingan merica

胡椒研磨罐

cuka

醋

minyak

食用油

bumbu

調味料

saus tomat

番茄醬

mustar

芥末

mayones

美乃滋

supermarket

超市

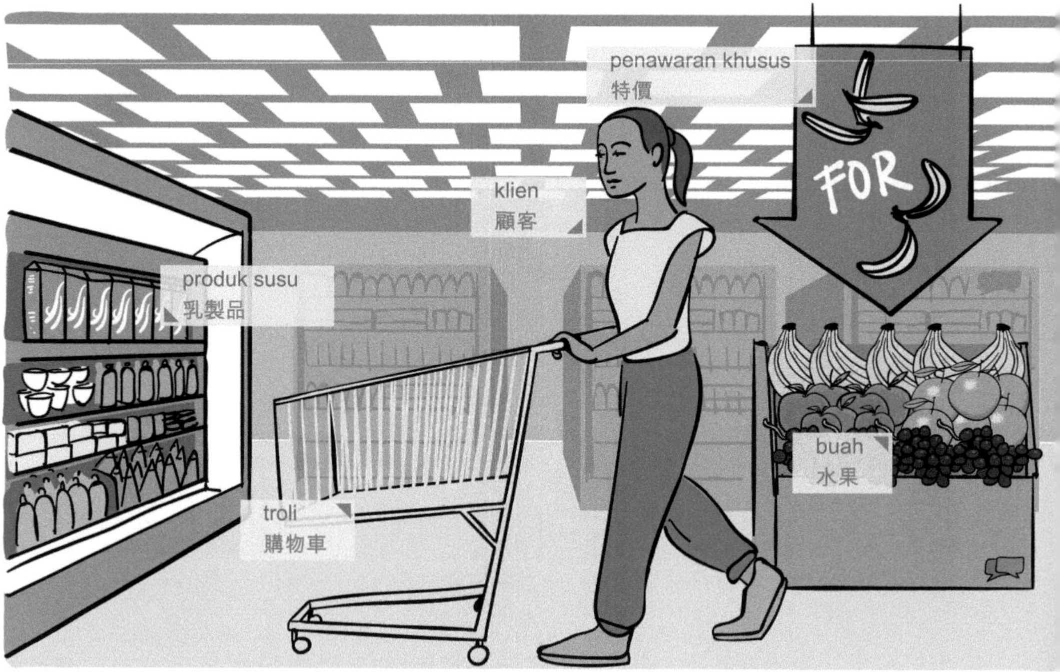

penawaran khusus
特價
FOR
klien
顧客
produk susu
乳製品
buah
水果
troli
購物車

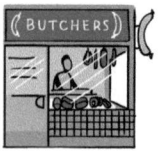

BUTCHERS

pembantai

肉鋪

BAKERY

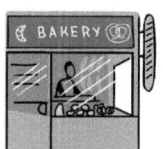

toko roti

麵包店

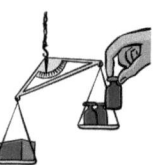

menimbang

稱重

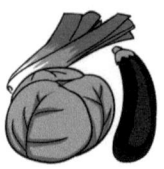

sayur

蔬菜

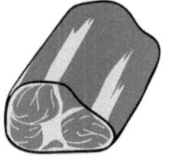

daging

肉

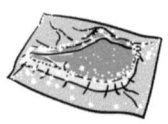

makanan beku

冷凍食品

pemotongan dingin

冷盤

makanan kaleng

罐頭食品

sabun serbuk

洗衣粉

permen

甜食

alat-alat rumah tangga

日用品

obat pembersihan

清潔用品

penjual

銷售員

kasa

收銀機

kasir

收銀員

daftar belanja

購物清單

jam buka

開放時間

dompet

錢包

kartu kredit

信用卡

tas

袋子

kantong plastik

塑膠袋

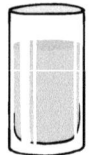

air

水

jus

果汁

susu

牛奶

cola

可樂

anggur

紅酒

bir

啤酒

alkohol

酒

coklat

可可

teh

茶

kopi

咖啡

espresso

義式濃縮咖啡

cappucino

卡布奇諾

pisang

香蕉

apel

蘋果

jeruk

柳丁

semangka

西瓜

jeruk lemon

檸檬

wortel

胡蘿蔔

bawang putih

大蒜

bambu

竹子

bawang bombai

洋蔥

jamur

蘑菇

kacang

堅果

mi

麵條

spagetti

義大利麵

nasi

米飯

salat

沙拉

kentang goreng

薯條

kentang goreng

炸馬鈴薯

pizza

披薩餅

hamburger

漢堡

sandwich

三明治

sayatan

炸豬排

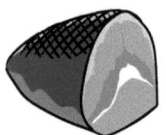

ham

火腿

salami

義大利臘腸

sosis

香腸

ayam

雞肉

menggoreng

烤肉

ikan

魚

bubur gandum

燕麥片

sereal

木斯里

cornflakes

玉米片

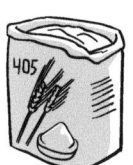

tepung

麵粉

croissant

牛角麵包

roti

麵包捲

roti

麵包

toast

吐司

biskuit

餅乾

mentega

奶油

dadih

凝乳

kue

蛋糕

telur

蛋

telur goreng

煎蛋

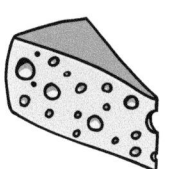

keju

起司

eskrim

冰淇淋

gula

糖

madu

蜂蜜

selai

果醬

krim nugat

巧克力醬

kare

咖哩

pertanian
農場

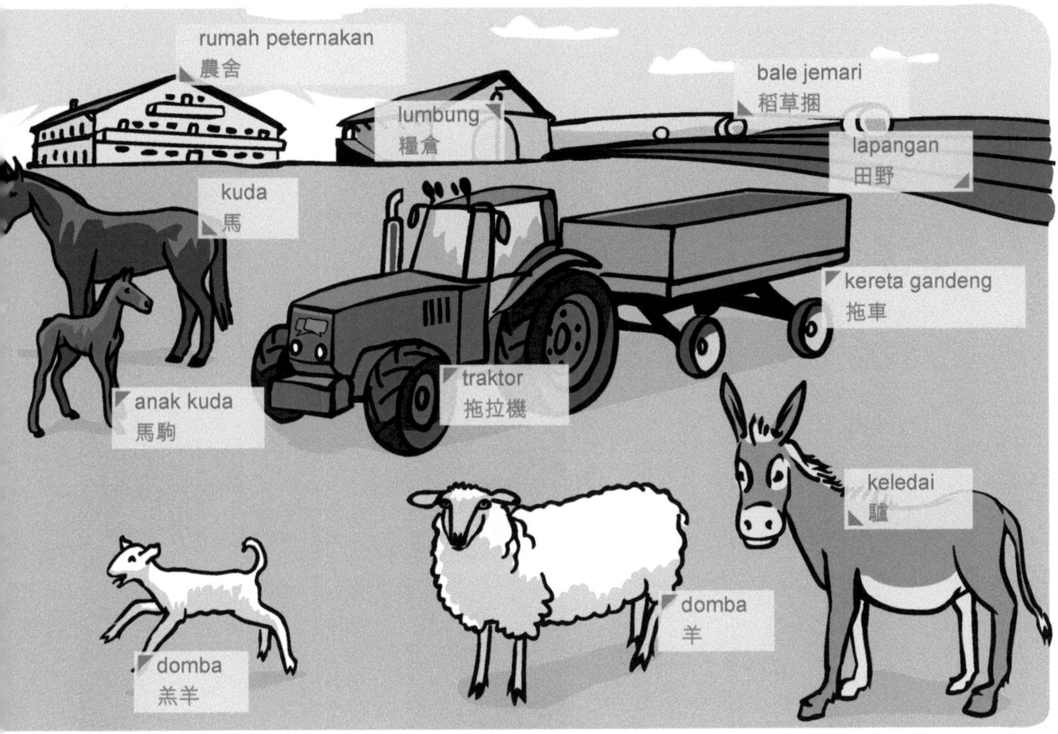
rumah peternakan
農舍
lumbung
糧倉
bale jemari
稻草捆
lapangan
田野
kuda
馬
kereta gandeng
拖車
traktor
拖拉機
anak kuda
馬駒
keledai
驢
domba
羊
domba
羔羊

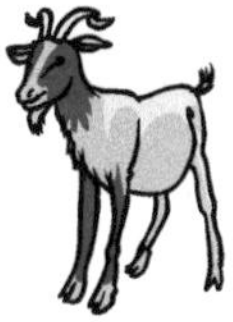

kambing

山羊

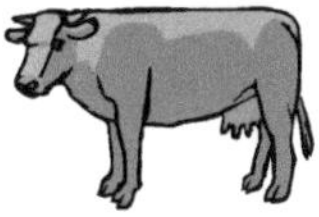

sapi

奶牛

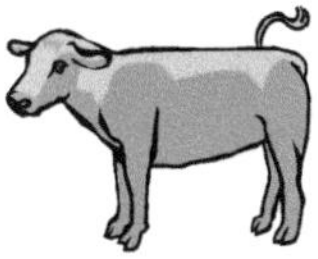

betis

小牛

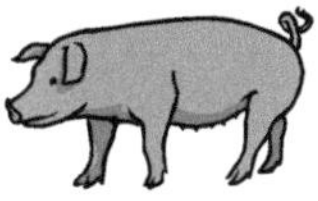

babi

豬

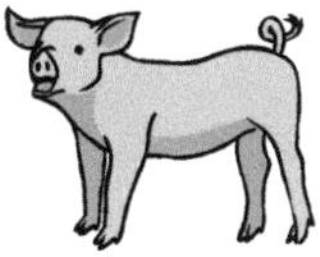

celeng

小豬

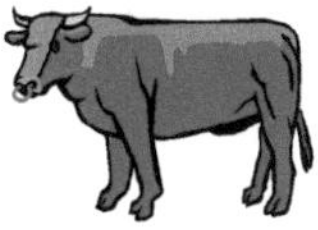

banteng

公牛

angsa

鵝

bebek

鴨

anak ayam

小雞

ayam

母雞

ayam jantan

公雞

tikus

鼠

kucing

貓

tikus

老鼠

lembu

牛

anjing

狗

rumah anjing

狗屋

selang

花園澆水軟管

penyiram

澆水壺

sabit

長柄大鐮刀

bajak

犁

sabit

鐮刀

cangkul

鋤頭

garpu rumput

長柄草耙

kapak

斧頭

gerobak

獨輪手推車

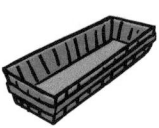

palung

飼料槽

kaleng susu

牛奶罐

karung

麻布袋

pagar

柵欄

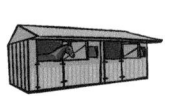

kandang

馬廄

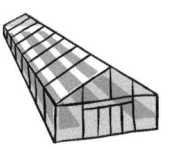

rumah kaca

溫室

tanah

土壤

benih

種子

pupuk

肥料

mesin pemanen

聯合收割機

panen

收割

panen

收割

yams

地瓜

gandum

小麥

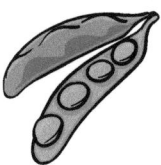

kedelai

大豆

kentang

土豆

jagung

玉米

lobak

油菜籽

pohon buah

果樹

singkong

樹薯

sereal

穀物

cerobong
煙囪

atap
屋頂

pipa talang
落水管

jendela
窗戶

garasi
車庫

bel pintu
門鈴

pintu
門

sampah
垃圾桶

kotak surat
信箱

kebun
花園

ruang tamu

客廳

kamar mandi

浴室

dapur

廚房

kamar tidur

臥室

kamar anak

兒童房

kamar makan

餐廳

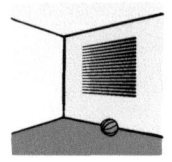

lantai

地板

tembok

牆壁

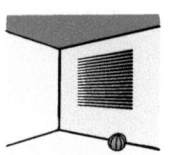

atap

天花板

gudang di bawah tanah

地窖

sauna

三溫暖

balkon

陽臺

teras

露臺

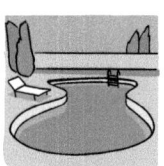

kolam renang

游泳池

mesin pemotong rumput

割草機

sprei

被單

selimut

床罩

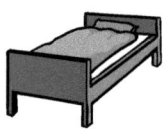

tempat tidur

床

sapu

掃帚

ember

水桶

tombol

開關

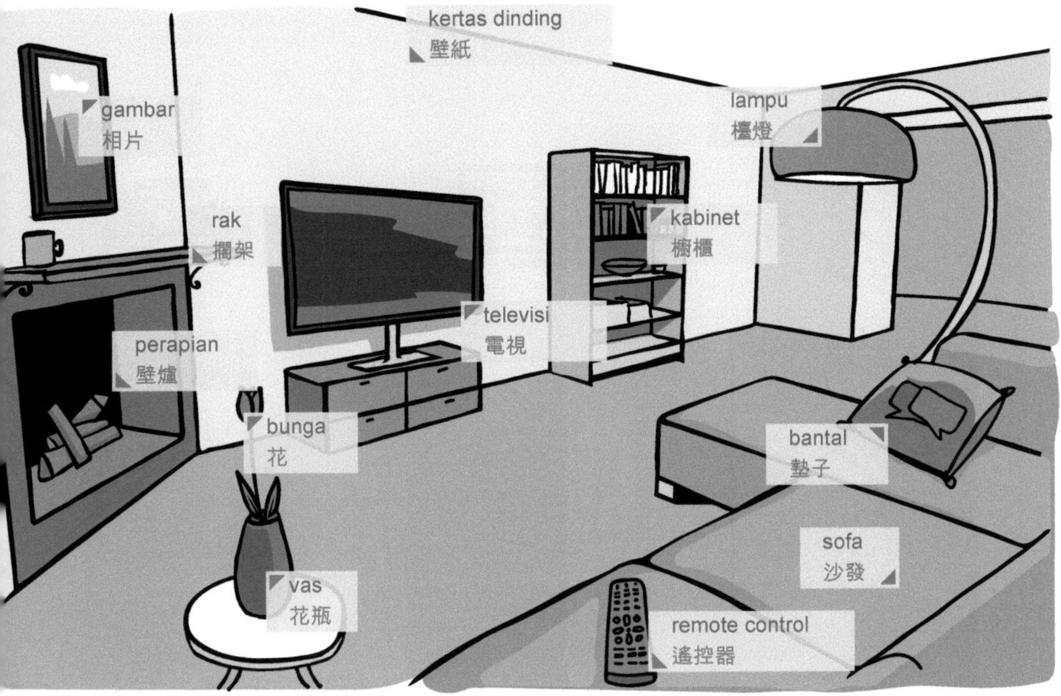

kertas dinding
壁紙

gambar
相片

lampu
檯燈

rak
擱架

kabinet
櫥櫃

perapian
壁爐

televisi
電視

bunga
花

bantal
墊子

sofa
沙發

vas
花瓶

remote control
遙控器

karpet

地毯

korden

窗簾

meja

餐桌

kursi

椅子

kursi goyang

搖椅

kursi malas

扶手椅

buku

書

selimut

毯子

dekorasi

裝飾品

kayu bakar

木柴

filem

電影

hi-fi

高傳真音響

kunci

鑰匙

koran

報紙

lukisan

油畫

poster

海報

radio

收音機

buku tulis

筆記本

penyedot debu

吸塵器

kaktus

仙人掌

lilin

蠟燭

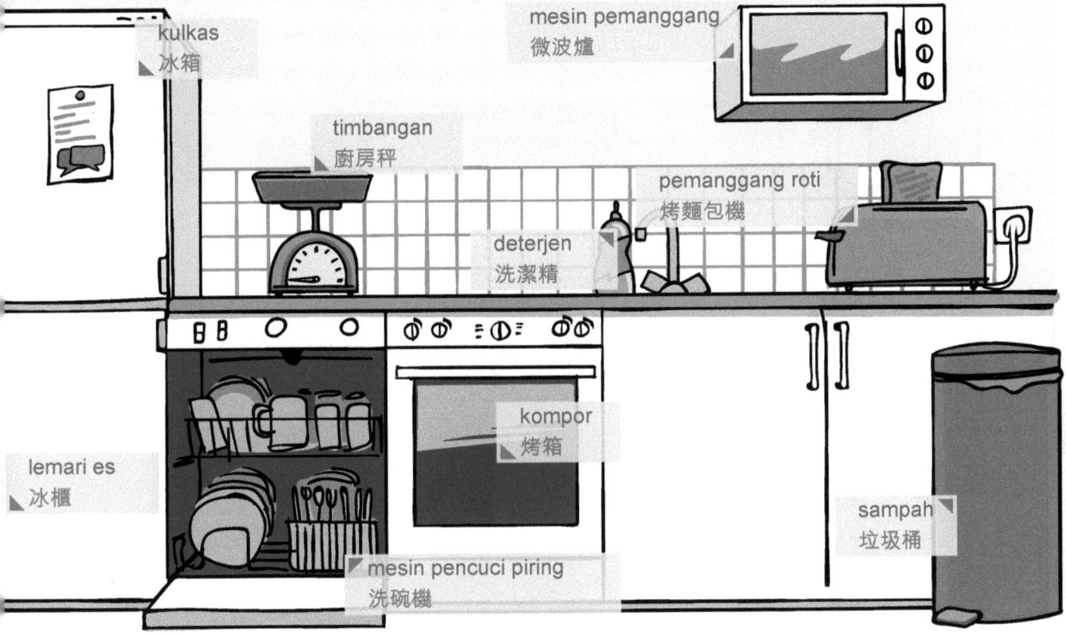

kulkas
冰箱

mesin pemanggang
微波爐

timbangan
廚房秤

pemanggang roti
烤麵包機

deterjen
洗潔精

kompor
烤箱

lemari es
冰櫃

sampah
垃圾桶

mesin pencuci piring
洗碗機

kompor

炊具

panci

鍋

panci besi

鑄鐵鍋

wajan

炒鍋

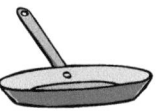

panci

平底鍋

pemanas air

水壺

panci pengukus makanan

蒸鍋

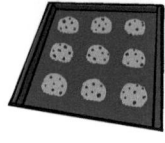

nampan

烤盤

piring

陶瓷鍋

cangkir

馬克杯

mangkok

碗

sumpit

筷子

sendok sup

長柄勺

sudip

鏟子

mengocok

攪拌器

saringan

濾網

saringan

篩子

parutan

磨碎機

mortir

研缽

barbeque

燒烤

api terbuka

明火

papan memotong

菜板

gilingan

擀麵杖

alat pembuka botol

開瓶器

kaleng

罐子

pembuka kaleng

開罐器

pegangan panci

隔熱手套

wastafel

水槽

sikat

刷子

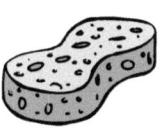

busa

海綿

mesin pencampur

攪拌機

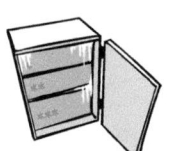

lemari es

冷藏箱

botol bayi

奶瓶

keran

水龍頭

kamar mandi

浴室

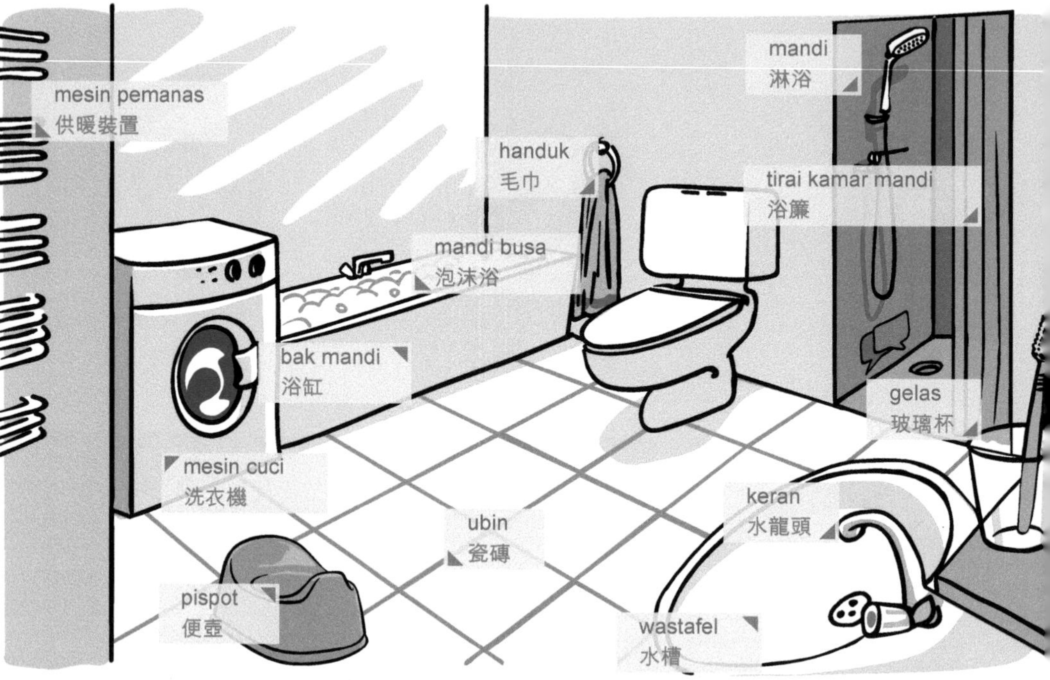
mesin pemanas
供暖裝置
handuk
毛巾
mandi
淋浴
tirai kamar mandi
浴簾
mandi busa
泡沫浴
bak mandi
浴缸
gelas
玻璃杯
mesin cuci
洗衣機
keran
水龍頭
ubin
瓷磚
pispot
便壺
wastafel
水槽

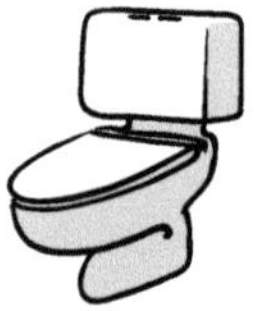

toilet

廁所

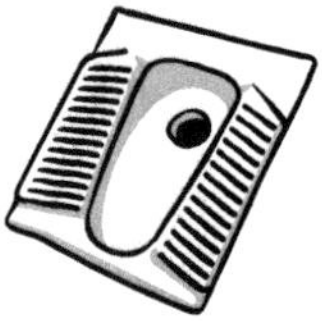

toilet jongkok

蹲便器

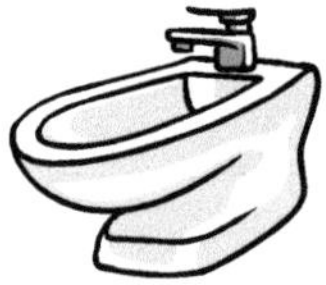

bidet

坐浴器

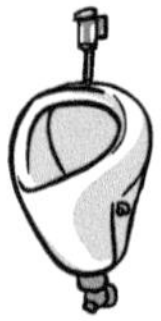

pissoir

小便斗

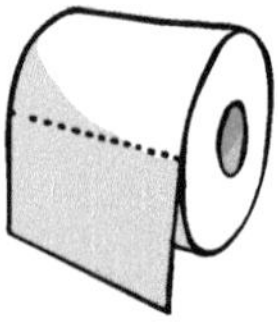

kertas toilet

廁紙

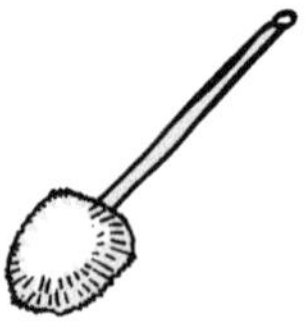

sikat toilet

馬桶刷

sikat gigi

牙刷

pasta gigi

牙膏

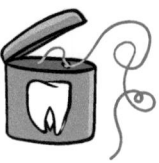

benang gigi

牙線

menyuci

洗

pancuran tangan

手持式蓮蓬頭

pancuran

沖洗器

bak

洗臉盆

sikat punggung

洗背刷

sabun

肥皂

gel mandi

沐浴露

sampo

洗髮乳

planel

法蘭絨

kuras

排水

krim

乳霜

deodoran

除臭劑

kaca

鏡子

cermin tangan

手鏡

pisau cukur

刮鬍刀

busa cukur

刮鬍泡沫

aftershave

鬚後水

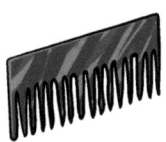

sisir

梳子

sikat

刷子

alat pengering rambut

吹風機

semprot rambut

噴髮定型劑

makeup

化妝品

lipstik

唇膏

cat kuku

指甲油

kapas

化妝棉

gunting kuku

指甲剪

minyak wangi

香水

kantong pencuci

洗漱包

bangku

凳子

timbangan

計重秤

mantel mandi

浴袍

sarung tangan karet

橡膠手套

tampon

衛生棉條

handuk pembalut

衛生棉

toilet kimia

化學廁所

kamar anak
兒童房

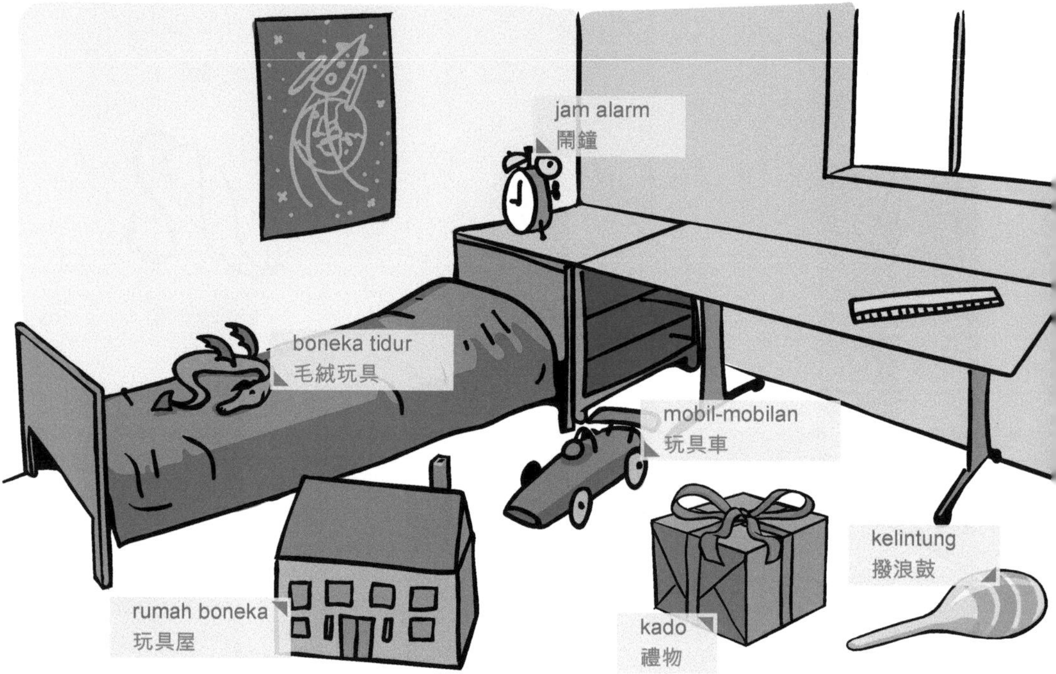
jam alarm
鬧鐘
boneka tidur
毛絨玩具
mobil-mobilan
玩具車
kelintung
撥浪鼓
rumah boneka
玩具屋
kado
禮物

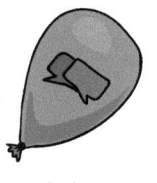

balon

氣球

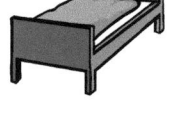

tempat tidur

床

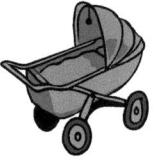

kereta bayi

嬰兒車

mainan kartu

撲克牌

teka-teki

拼圖

SUPER MEGA

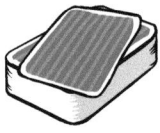

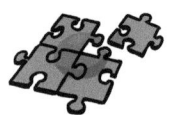

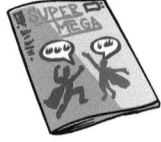

komik

漫畫

mainan lego

樂高積木

blok mainan

積木玩具

figur aksi

公仔

baju monyet

嬰兒服

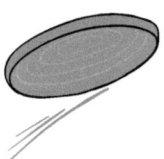

frisbee

飛盤

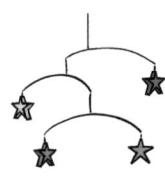

mobile

床鈴玩具

permainan papan

棋盤遊戲

dadu

骰子

set model kreta api

火車模型

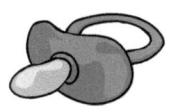

dot

安撫奶嘴

pesta

派對

buku gambar

繪本

bola

球

boneka

洋娃娃

bermain

玩

tempat main pasir

沙坑

ayunan

鞦韆

mainan

玩具

video game konsol

電玩遊戲

sepeda roda tiga

三輪車

teddy

泰迪熊

lemari pakaian

衣櫃

pakaian

衣服

kaos kaki

襪子

kaos kaki

長襪

baju ketat

緊身褲

syal
圍巾

payung
雨傘

kaos
T恤

sabuk
皮帶

sepatu bot
靴子

sandal
拖鞋

sepatu
運動鞋

sandal

涼鞋

sepatu

鞋

sepatu bot karet

雨靴

celana dalam

內褲

BH

胸罩

baju rompi

背心

body

身體

celana

褲子

jeans

牛仔褲

rok

短裙

blus

女式襯衫

kemeja

襯衫

aket berkerudung

套頭衫

sweater

連帽上衣

jaket

西裝夾克

jaket

夾克

mantel

外套

jas hujan

雨衣

kostum

套裝

gaun

連衣裙

gaun pengantin

婚紗

setelan resmi
西裝

gaun tidur
睡袍

piyama
睡衣

sari
莎麗

jilbab
頭巾

turban
包頭巾

burka
波卡

kaftan
卡夫坦

abaya
(阿拉伯式)長袍

pakaian renang
泳衣

celana renang
男式泳褲

celana pendek
短褲

olah raga
運動服

celemek
圍裙

sarung tangan
手套

kancing

鈕扣

kacamata

眼鏡

gelang

手鏈

kalung

項鍊

cincin

戒指

anting

耳環

topi

便帽

gantungan mantel

衣架

topi

帽子

dasi

領帶

ritsleting

拉鍊

helm

安全帽

tali selempang

背帶

seragam sekolah

校服

seragam

制服

oto

圍兜

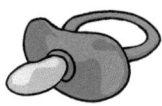

dot

安撫奶嘴

popok

尿布

kantor
辦公室

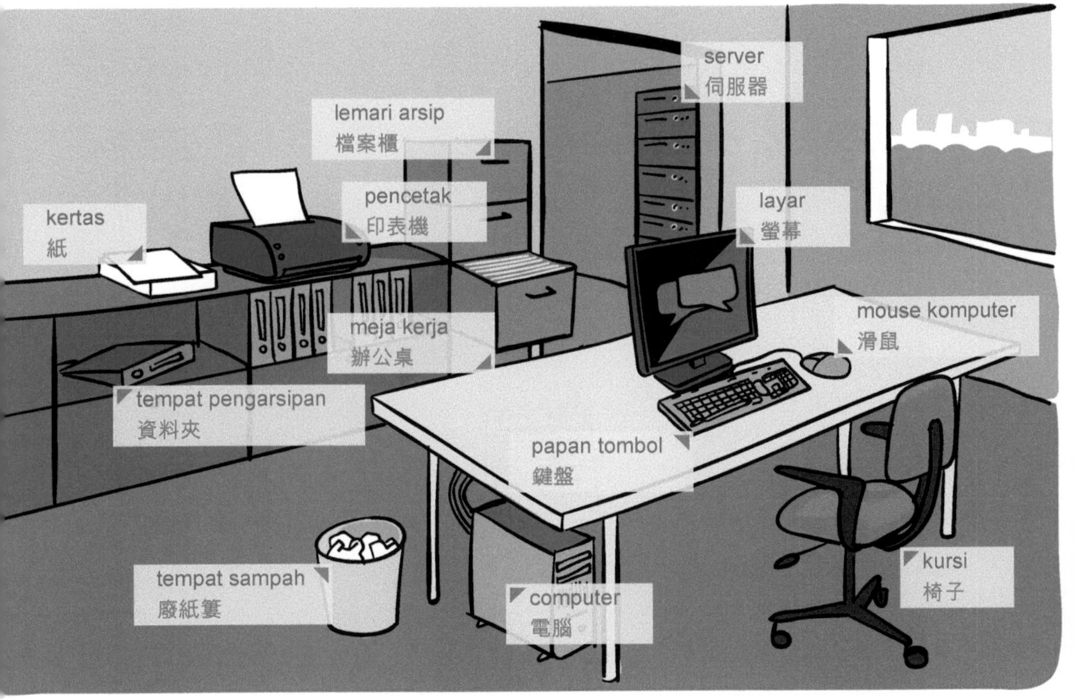

server
伺服器

lemari arsip
檔案櫃

pencetak
印表機

kertas
紙

layar
螢幕

mouse komputer
滑鼠

meja kerja
辦公桌

tempat pengarsipan
資料夾

papan tombol
鍵盤

tempat sampah
廢紙簍

kursi
椅子

computer
電腦

cangkir kopi

咖啡杯

kalkulator

計算機

internet

網際網路

laptop

筆記型電腦

surat

信件

pesan

簡訊

telepon seluler

行動電話

jaringan

網路

fotokopi

影印機

software

軟體

telepon

電話

plug soket

插座

mesin fax

傳真機

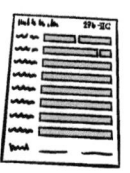

formulir

表格

dokumen

檔案

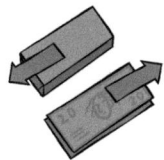

membeli

買

membayar

付錢

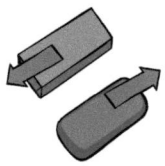

berdagang

交易

uang

現金

Dollar

美元

Euro

歐元

JPY

Yen

日元

RUB

Rubel

盧布

CHF

Franc Swiss

瑞士法郎

CNY

Renminbi Yuan

人民幣

INR

Rupiah

盧比

ATM

提款處

kantor pertukaran mata uang

外幣兌換處

emas

金

perak

銀

minyak

石油

energi

能源

harga

價格

kontrak

合約

pajak

稅金

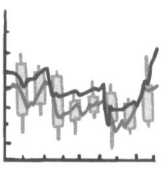

saham

股票

bekerja

工作

karyawan

職員

majikan

老闆

pabrik

工廠

toko

商店

pekerjaan
職業

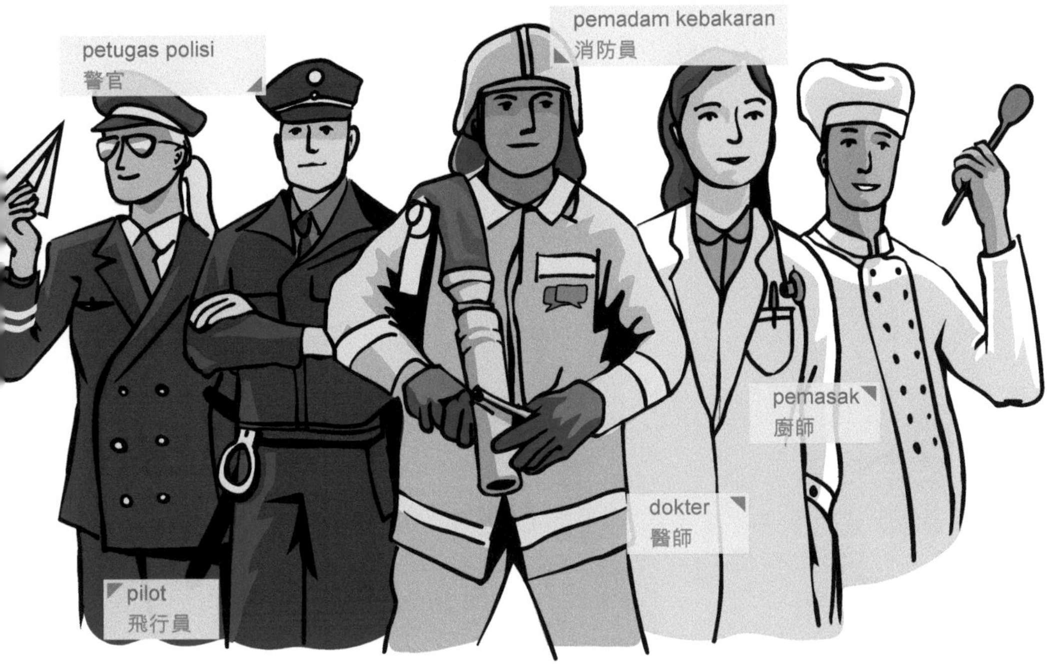
pemadam kebakaran
消防員
petugas polisi
警官
pemasak
廚師
dokter
醫師
pilot
飛行員

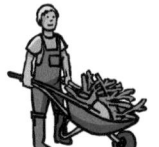

tukan kebun
園丁

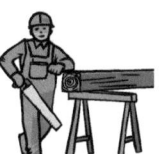

tukang kayu
木匠

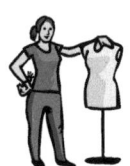

penjahit wanita
裁縫

hakim
法官

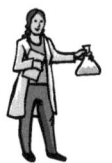

ahli kimia
化學家

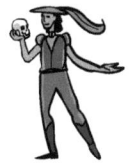

aktor
演員

sopir bis

公車司機

sopir taksi

計程車司機

nelayan

漁夫

pembantu

清洗女工

tukang atap

屋頂工

pelayan

服務生

pemburu

獵人

pelukis

畫家

tukang roti

麵包師

tukang listrik

電工

pembangun

建築工人

insinyur

工程師

tukang daging

屠夫

tukang ledeng

水管工

tukang pos

郵差

tentara

士兵

arsitek

建築師

kasir

收銀員

penjual bunga

花農

penata rambut

理髮師

konduktor

售票員

montir

機械技師

kapten

船長

dokter gigi

牙醫

ilmuwan

科學家

rabbi

拉比

imam

伊瑪目

biarawan

和尚

pendeta

牧師

alat
工具

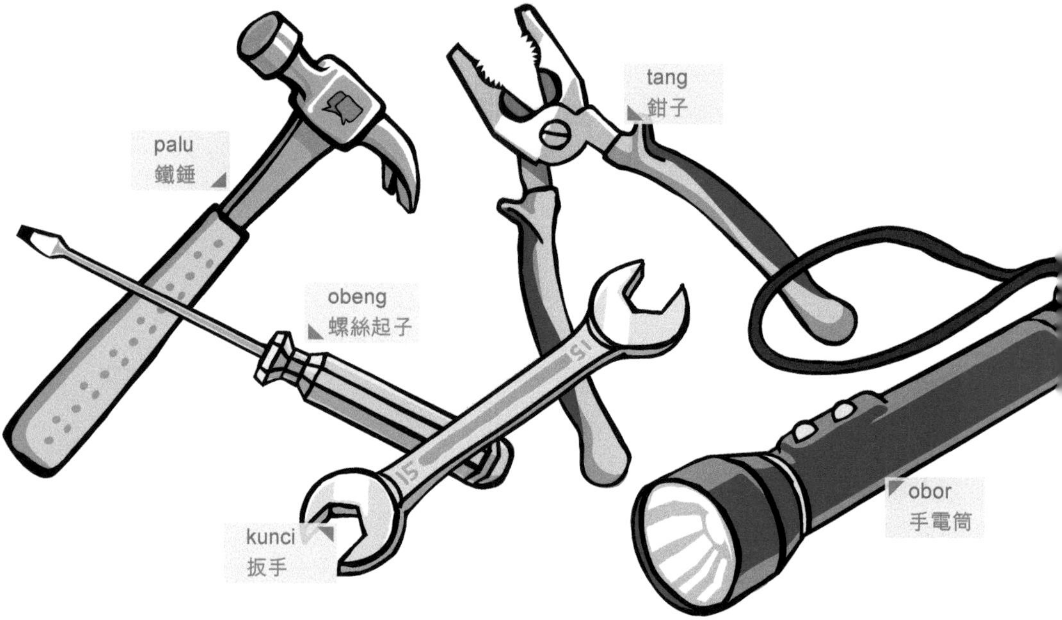
palu
鐵錘
tang
鉗子
obeng
螺絲起子
kunci
扳手
obor
手電筒

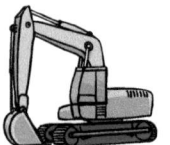

penggali
挖掘機

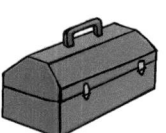

tas perkakas
工具箱

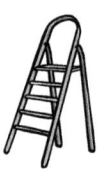

tangga
梯子

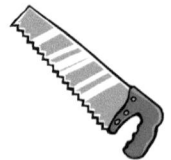

gergaji
鋸子

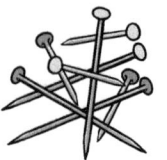

paku
釘子

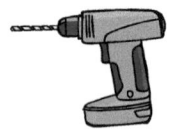

bor
鑽機

perbaikan

修

sekop

鏟子

Sialan!

糟糕！

cikrak

畚箕

pot cat

油漆桶

sekrup

螺絲

alat musik

樂器

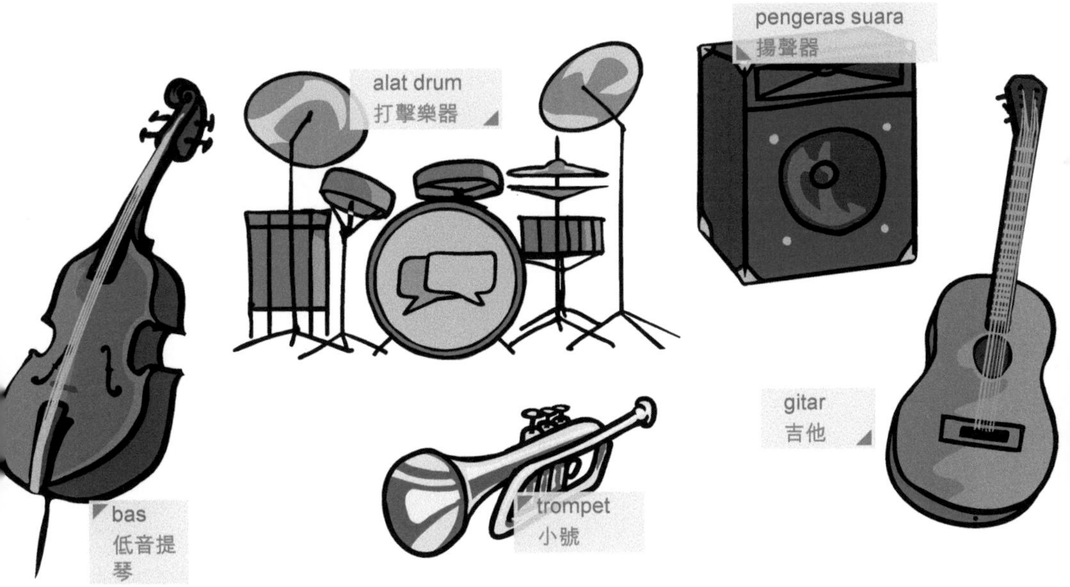

alat drum
打擊樂器 ◢

pengeras suara
揚聲器

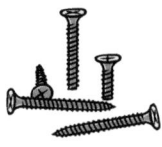

gitar
吉他 ◢

▼ bas
低音提
琴

trompet
小號

piano

鋼琴

violin

小提琴

bass

貝斯

tambur

定音鼓

drum

鼓

keyboard

電子琴

saksofon

薩克斯風

suling

長笛

mikrofon

麥克風

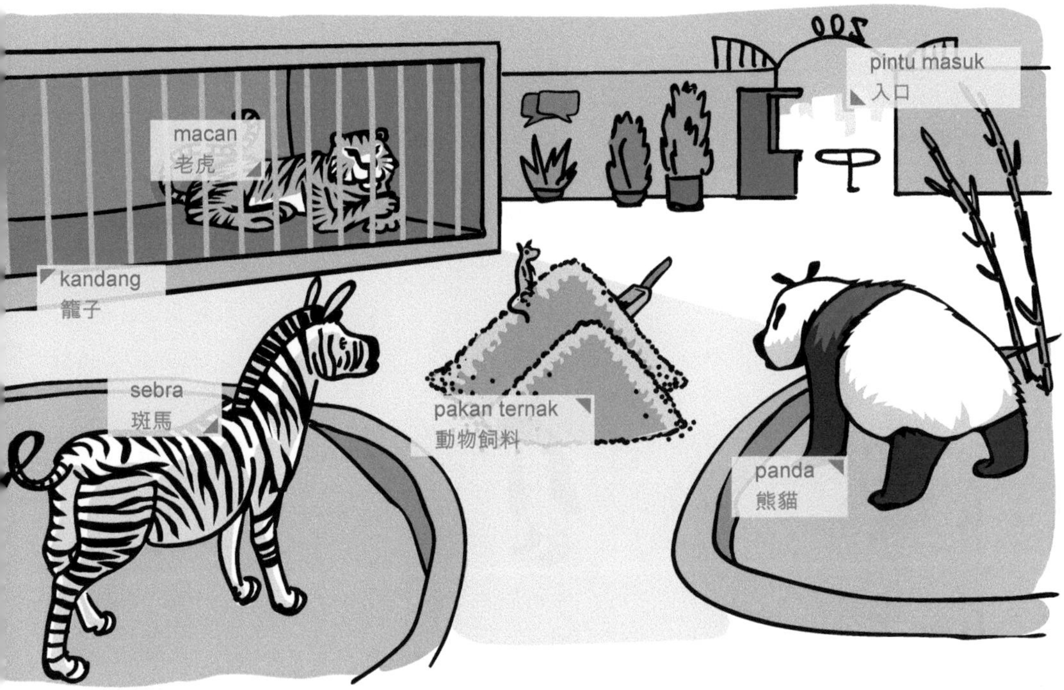

zoo
pintu masuk
入口
macan
老虎
kandang
籠子
sebra
斑馬
pakan ternak
動物飼料
panda
熊貓

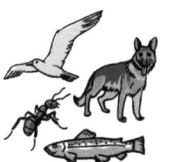

hewan
動物

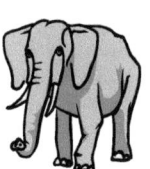

gajah
大象

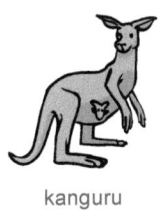

kanguru
袋鼠

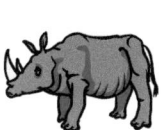

badak
犀牛

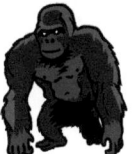

gorila
大猩猩

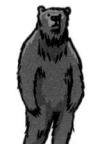

beruang
熊

unta

駱駝

burung unta

鴕鳥

singa

獅子

monyet

猴子

flamingo

紅鶴

burung beo

鸚鵡

beruang polar

北極熊

penguin

企鵝

hiu

鯊魚

merak

孔雀

ular

蛇

buaya

鱷魚

penjaga kebun binatang

動物園管理員

segel

海豹

jaguar

美洲豹

kuda poni

矮種馬

macan tutul

豹

kuda nil

河馬

jerapah

長頸鹿

burung elang

老鷹

babi jantan

野豬

ikan

魚

kura-kura

龜

anjing laut

海象

rubah

狐狸

kijang

羚羊

american football
橄欖球

naik sepeda
騎腳踏車

tennis
網球

basketbal
籃球

bernang
游泳

tinju
拳擊

hoki es
冰球

sepak bola
....
美式足球

badminton
....
羽毛球

atletik
....
田徑

bola tangan
....
手球

main ski
....
滑雪

polo
....
馬球

meloncat
跳

ketawa
笑

memeluk
擁抱

berjalan
走路

menyanyi
唱

mengimpi
做夢

berdoa
祈禱

mencium
親吻

menulis
書寫

melukis
畫

menunjuk
展示

mendorong
推

memberikan
給

mengambil
拿

mempunyai

有

melakukan

做

adalah

當

berdiri

站

berlari

跑

menarik

拉

melempar

丟

jatuh

摔倒

tidur

躺

menunggu

等待

membawa

攜帶

duduk

坐

berpakaian

穿衣

tidur

睡覺

bangun

醒來

melihat

看

menangis

哭

mengelus

擊

menyisir

梳頭

berbicara

交談

mengerti

明白

menanyak

問

mendengar

聽

minum

喝

makan

吃

merapikan

清理

cinta

愛

memasak

做飯

menyetir

開車

terbang

飛

berlayar

航行

menghitung

計算

membaca

讀

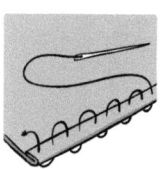

belajar

學習

bekerja

工作

menikah

結婚

menjahit

縫

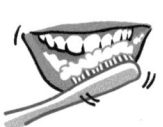

sikat gigi

刷牙

membunuh

殺

merokok

抽菸

kirim

寄

nenek
祖母

kakek
祖父

bapak
父親

ibu
母親

bayi
嬰兒

putri
女兒

putra
兒子

tamu

客人

bibi

阿姨

paman

叔叔

kakak laki

兄弟

kakak perempuan

姐妹

badan

身體

dahi
前額
mata
眼睛
bahu
肩膀
jari
手指
muka
臉
dagu
下巴
tangan
手
payudara
乳房
kaki
腿
lengan
手臂

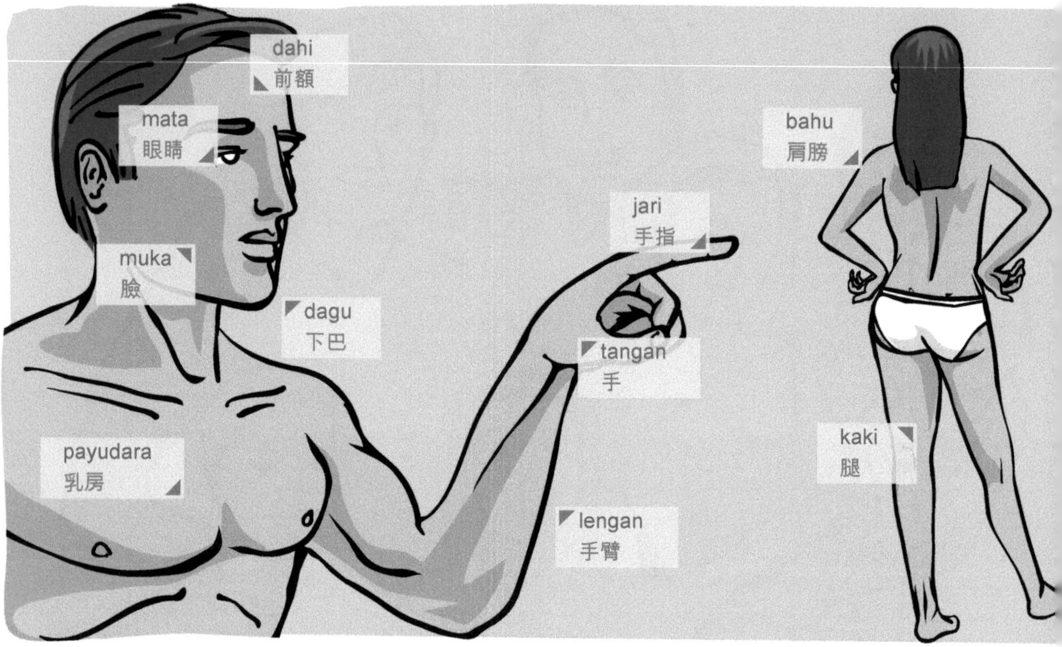

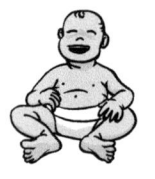

bayi
嬰兒

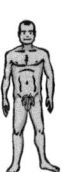

pria
男人

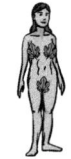

wanita
女人

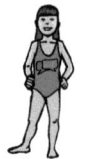

perempuan
女孩

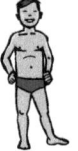

laki
男孩

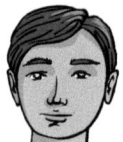

kepala
頭

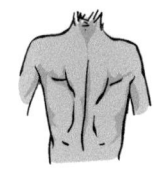

punggung

背部

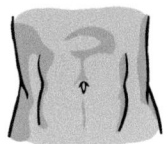

perut

肚子

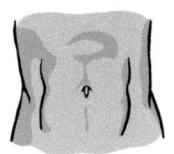

pusar

肚臍

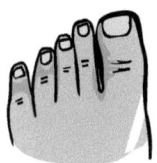

toe

腳趾

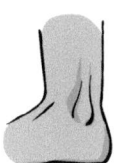

tumit

腳後跟

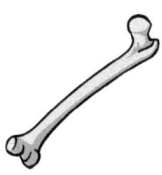

tulang

骨頭

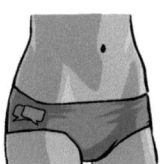

pinggang

臀部

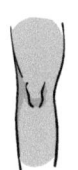

lutut

膝蓋

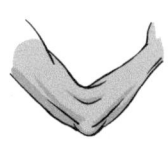

siku

手肘

hidung

鼻子

pantat

屁股

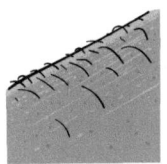

kulit

皮膚

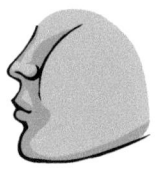

pipi

臉頰

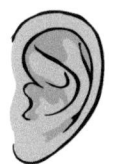

telinga

耳朵

bibir

嘴唇

badan - 身體

mulut

嘴

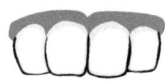

gigi

牙齒

lidah

舌頭

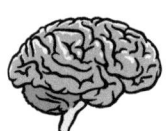

otak

腦

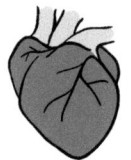

jantung

心臟

otot

肌肉

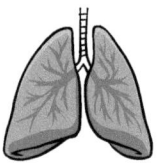

paru-paru

肺

hati

肝臟

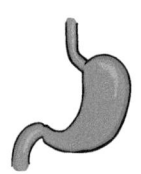

stomach

胃

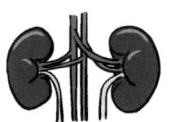

ginjal

腎臟

hubungan seks

性交

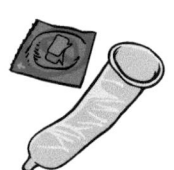

kondom

保險套

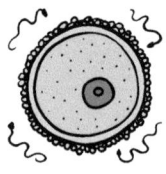

sel telur

卵子

sperma

精子

kehamilan

懷孕

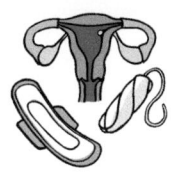

menstruasi
月事

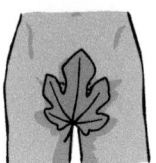

vagina
陰道

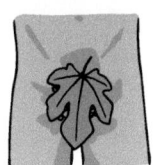

penis
陰莖

alis
眉毛

rambut
頭髮

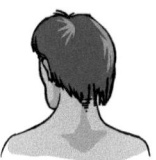

leher
脖子

rumah sakit

醫院

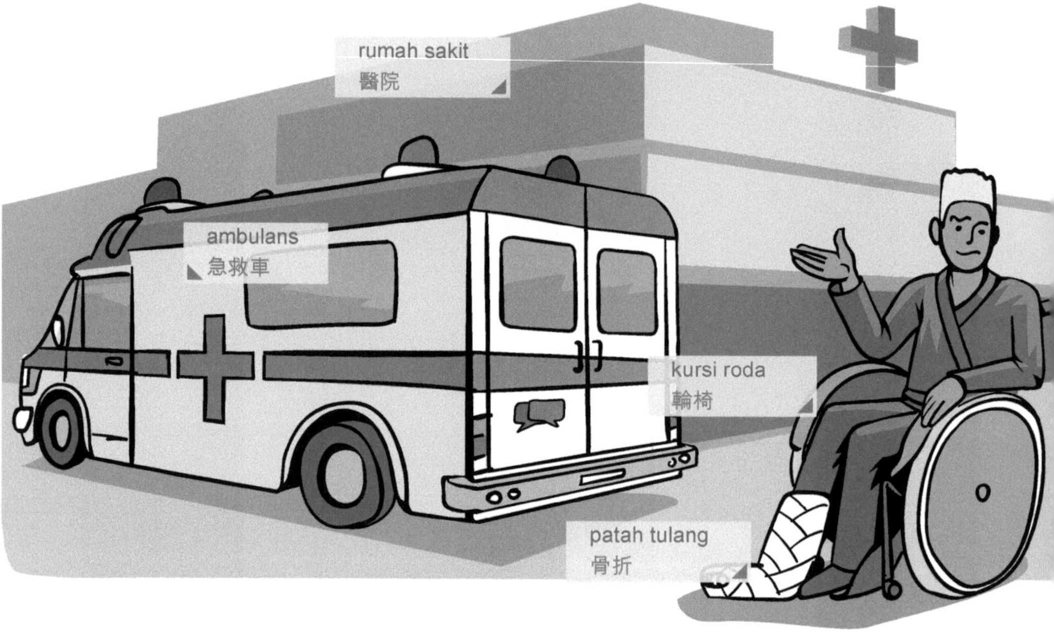

rumah sakit
醫院
ambulans
急救車
kursi roda
輪椅
patah tulang
骨折

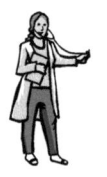

dokter

醫師

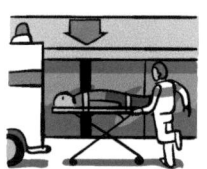

ruang darurat

急診室

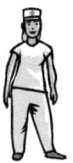

perawat

護理師

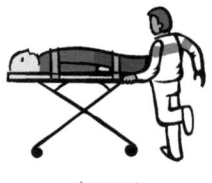

darurat

緊急情形

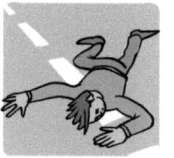

semaput

昏迷

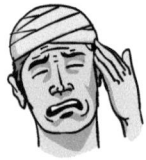

sakit

痛

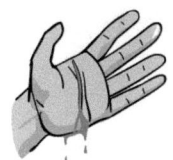

cedera

受傷

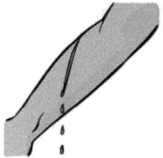

perdarahan

出血

serangan jantung

心臟病發作

stroke

中風

alergi

過敏

batuk

咳嗽

demam

發燒

flu

流感

diare

腹瀉

sakit kepala

頭痛

kanker

癌症

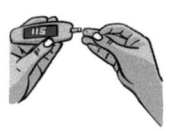

diabetes

糖尿病

ahli bedah

外科醫師

pisau bedah

手術刀

operasi

手術

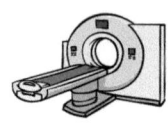

CT

電腦斷層掃描

sinar x

X光

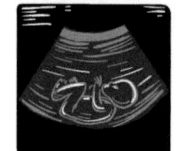

usg

超音波

topeng

口罩

penyakit

疾病

ruang tunggu

候診室

penyokong

拐杖

plester

石膏

perban

繃帶

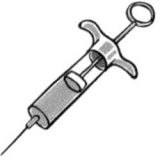

injeksi

注射

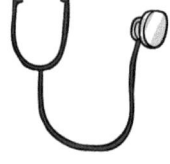

stetoskop

聽診器

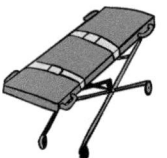

usungan

擔架

termometer klinis

體溫計

kelahiran

出生

kelebihan berat badan

超重

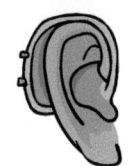

alat pendengar

助聽器

desinfektan

消毒液

infeksi

感染

virus

病毒

HIV / AIDS

愛滋病

obat

藥物

vaksinasi

接種疫苗

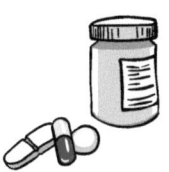

tablet

藥片

pil

藥丸

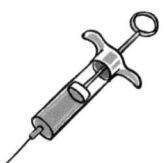

panggilan darurat

急救電話

ukur tekanan darah

血壓計

sakit / sehat

生病/健康

Tolong!
救命！

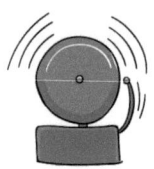

alarm
警報

penyerbuan
突擊

serangan
攻擊

bahaya
危險

pintu darurat
緊急出口

Api!
失火了！

alat pemadam kebakaran
滅火器

kecelakaan
意外

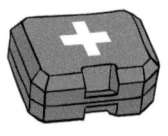

kit pertolongan pertama
急救箱

SOS
呼救訊號

polisi
員警

Eropa

歐洲

Amerika Utara

北美洲

Amerika Selatan

南美洲

Afrika

非洲

Asia

亞洲

Australi

澳洲

Atlantik

大西洋

Pasifik

太平洋

Samudra India

印度洋

Samudra Antartika

南冰洋

Samudra Arktik

北冰洋

kutub utara

北極

kutub selatan

南極

Antarktika

南極洲

bumi

地球

tanah

陸地

laut

海

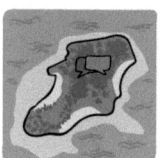

pulau

島

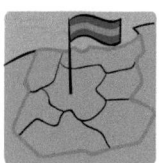

bangsa

國家

negara

州

jam wajah

錶盤

jarum pendek

時針

jarum menit

分針

jarum detik

秒針

Jam berapa?

現在幾點？

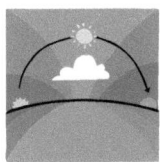

hari

天

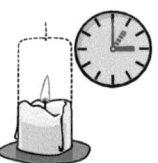

waktu

時間

sekarang

現在

jam digital

電子錶

menit

分

jam

時

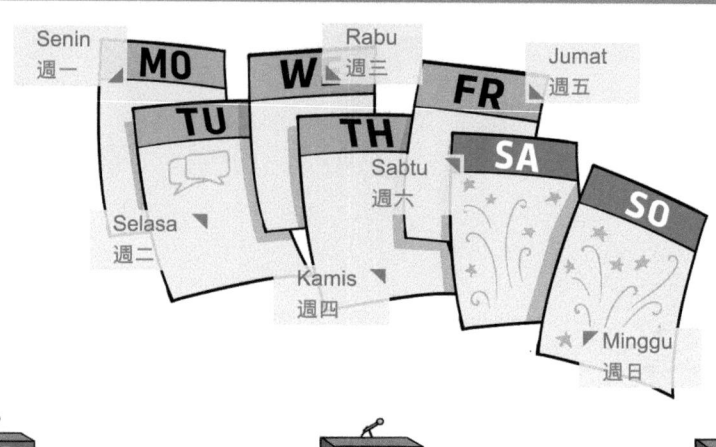

Senin 週一 · MO
Rabu 週三 · W
Jumat 週五 · FR
TU · Selasa 週二
TH · Sabtu 週六
SA
SO
Kamis 週四
Minggu 週日

kemaren

昨天

hari ini

今天

besok

明天

pagi

早晨

siang

中午

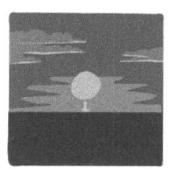

malam

晚上

hari kerja

工作日

akhir minggu

週末

tahun
年

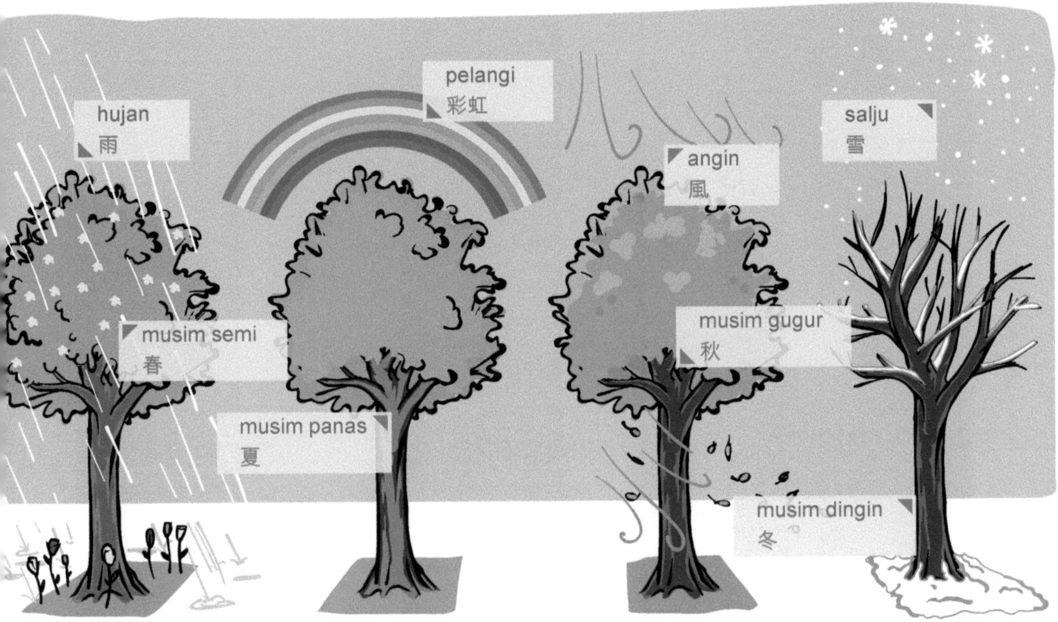

hujan
雨
pelangi
彩虹
angin
風
salju
雪
musim semi
春
musim panas
夏
musim gugur
秋
musim dingin
冬

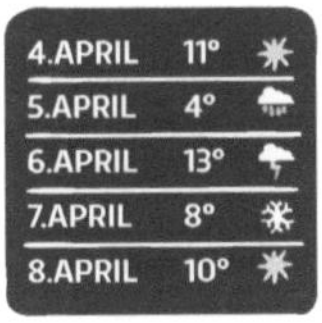

4.APRIL 11°
5.APRIL 4°
6.APRIL 13°
7.APRIL 8°
8.APRIL 10°

ramalan cuaca

天氣預告

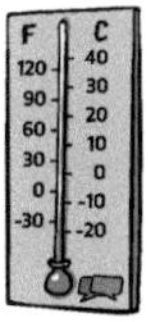

F
C
120
90
60
30
0
-30
40
30
20
10
0
-10
-20

termometer

溫度計

matahari

陽光

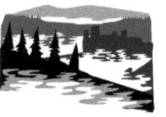

awan

雲

kabut

霧

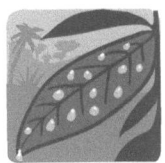

kelembahan

潮濕

kilat

閃電

guntur

打雷

badai

風暴

hujan es

冰雹

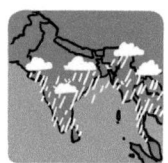

monsun

季風

banjir

洪水

es

冰

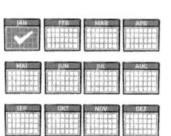

Januari

一月

Februari

二月

Maret

三月

April

四月

Mei

五月

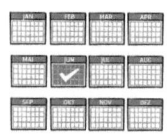

Juni

六月

Juli

七月

Agustus

八月

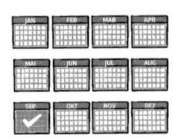

September
....
九月

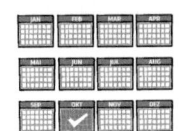

Oktober
....
十月

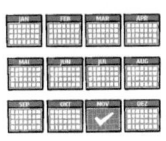

November
....
十一月

Desember
....
十二月

bentuk
形狀

lingkaran
....
圓形

persegi
....
正方形

persegi panjang
....
長方形

segi tiga
....
三角形

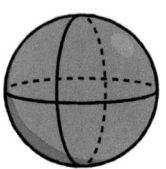

bola
....
球體

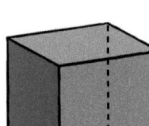

kubus
....
立方體

putih

白

kuning

黃

oranye

橙

pink

粉

merah

紅

ungu

紫

biru

藍

hijau

綠

coklat

棕

abu-abu

灰

hitam

黑

banyak / sedikit

很多/少許

marah / tenang

生氣/平靜

cantik / jelek

美/醜

mulaih / selesai

首/尾

besar / kecil

大/小

terang / gelap

明/暗

saudara laki-laki / saudara perempuan

兄弟/姐妹

bersih / kotor

乾淨/骯髒

lengkap / tidak lengkap

完整/缺失

hari / malam

白天/晚上

mati / hidup

死/生

luas / sempit

寬/窄

dapat dimakan / tidak dapat
dimakan

可食用/非食用

jahat / baik

邪惡/善良

bersemangat / bosan

興奮/無聊

gemuk / kurus

胖/瘦

pertama / terakhir

第一/最後

teman / musuh

朋友/敵人

penuh / kosong

滿/空

keras / lembut

硬/軟

berat / enteng

重/輕

lapar / haus

餓/渴

sakit / sehat

生病/健康

ilegal / legal

非法/合法

cerdas / bodoh

聰明/愚笨

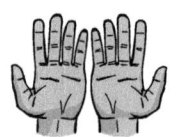

kiri / kanan

左/右

dekat / jauh

近/遠

baru / bekas

新/舊

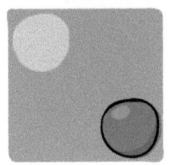

tidak ada apapun / sesuatu

沒有/有些

tua / muda

老/幼

nyala / mati

開/關

buka / tutup

打開/闔上

tenang / keras

安靜/吵鬧

kaya / miskin

富/窮

benar / salah

對/錯

kasar / halus

粗糙/光滑

sedih / gembira

傷心/高興

pendek / panjang

短/長

pelan-pelan / cepat

慢/快

basah / kering

濕/乾

hangat / sejuk

溫暖/涼爽

perang / damai

戰爭/和平

berlawanan - 反義詞

0

nol

零

1

satu

一

2

dua

二

3

tiga

三

4

empat

四

5

lima

五

6

enam

六

7

tujuh

七

8

delapan

八

9

sembilan

九

10

sepuluh

十

11

sebelas

十一

12
duabelas
十二

13
tigabelas
十三

14
empatbelas
十四

15
limabelas
十五

16
enambelas
十六

17
tujuhbelas
十七

18
delapanbelas
十八

19
sembilanbelas
十九

20
duapuluh
二十

100
seratus
百

1.000
seribu
千

1.000.000
juta
百萬

angka-angka - 數字

Inggris

英語

bahasa Inggris Amerika

美式英語

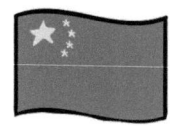

bahasa Cina Mandarin

普通話

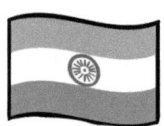

bahasa Hindi

印地語

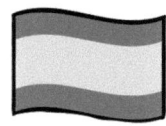

bahasa Spanyol

西班牙語

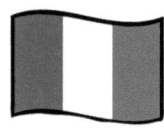

bahasa Perancis

法語

bahasa Arab

阿拉伯語

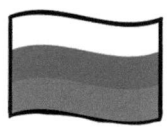

bahasa Rusia

俄語

bahasa Portugis

葡萄牙語

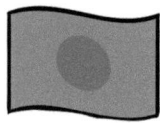

bahasa Bengal

孟加拉語

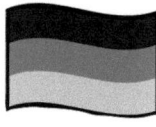

bahasa Jerman

德語

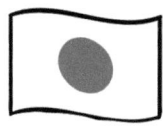

bahasa Jepang

日語

saya

我

kamu

你

dia

他/她/它

kita

我們

kalian

你們

mereka

他們

siapa?

誰？

apa?

什麼？

begaimana?

如何？

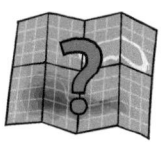

dimana?

何處？

kapan?

何時？

nama

名字

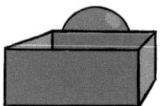

dibelakang

後面

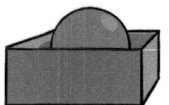

di

裡面

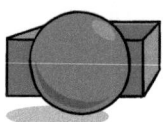

didepan

前面

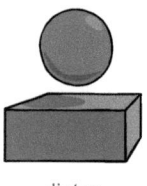

diatas

上方

diatas

上面

dibawah

下麵

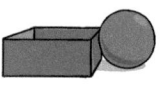

sebelah

旁邊

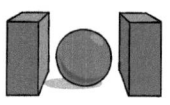

di antara

中間

tempat

地點